LA « DEDUCTIO QUAE MORIBUS FIT »

PAR

CÉSAR CHABRUN

Extrait de la *Nouvelle Revue historique de Droit français et étranger,*
Janvier-Février 1908.

LIBRAIRIE
DE LA SOCIÉTÉ DU RECUEIL J.-B. SIREY ET DU JOURNAL DU PALAIS
Ancienne Maison L. LAROSE & FORCEL
22, *rue Soufflot*, *PARIS*, 5e *arrond.*
L. LAROSE & L. TENIN, Directeurs

1908

LA

« DEDUCTIO QUAE MORIBUS FIT »

IMPRIMERIE
CONTANT-LAGUERRE
LVX·VITAM
BAR-LE-DUC

LA

« DEDUCTIO QUAE MORIBUS FIT »

PAR

CÉSAR CHABRUN

Extrait de la *Nouvelle Revue historique de Droit français et étranger,*
Janvier-Février 1908.

LIBRAIRIE
DE LA SOCIÉTÉ DU RECUEIL J.-B. SIREY ET DU JOURNAL DU PALAIS
Ancienne Maison L. LAROSE & FORCEL
22, *rue Soufflot*, *PARIS*, 5e *arrond.*
L. LAROSE & L. TENIN, Directeurs

1908

LA

« DEDUCTIO QUAE MORIBUS FIT »

Si je me permets de reprendre la question de la *deductio quae moribus fit* à la suite de l'étude si intéressante de M. Bögli, sur le *Pro Caecina* (1), ce n'est pas que je veuille attaquer les conclusions de cet auteur. Bien au contraire, sur le point spécial de la *deductio*, je suis pleinement d'accord avec lui, et si j'étudie à nouveau cette question controversée, c'est uniquement dans l'intention d'apporter à la thèse de M. Bögli des arguments qui me semblent de nature à la fortifier.

La *deductio quae moribus fit* ne nous est révélée que par deux discours de Cicéron : le *Pro Tullio* qui nous est malheureusement parvenu dans l'état fragmentaire que l'on sait et le *Pro Caecina*. Il serait téméraire, vu la pauvreté des documents que nous possédons, de tenter une théorie générale de la *deductio*. Était-elle employée dans d'autres hypothèses que celle où nous la voyons fonctionner dans ces deux plaidoyers ? Nous l'ignorons, et il est fort probable que nous serons toujours condamnés à l'ignorer. Contentons-nous de déterminer par une analyse juridique aussi serrée que possible le rôle de la *deductio* dans les deux procès concrets où elle nous est mentionnée, et sans avoir la prétention de conjecturer ce que nous ignorons, tâchons de voir nettement ce que les textes nous révèlent.

Tout d'abord, pour donner plus de clarté à ces explications, il convient de résumer rapidement l'affaire de Tullius et celle

(1) Bögli, *Ueber Ciceros Rede für A. Caecina* (*Beilage zum Iahresbericht des Gymnasiums Burgdorf 1905-1906*). Burgdorf, 1906. M. Koschaker vient de faire paraître un compte rendu de la dissertation de M. Bögli (*S.-Stift.*, 1907, p. 450) où il repousse la théorie de cet auteur sur la *deductio quae moribus fit*.

de Caecina telles que Cicéron nous les expose. Tullius est propriétaire d'un fonds qu'il a hérité de son père (1). Ce fonds est voisin d'une propriété appartenant au sénateur C. Claudius. Celui-ci vend son bien à P. Fabius et à Acerronius associé de Fabius, pour un prix supérieur à la valeur du fonds, prétend Cicéron (2). Fabius s'aperçoit qu'il a fait un mauvais marché et remet l'immeuble en vente. Dans la description que donnent ses *proscriptiones*, est comprise une parcelle de terre, la *centuria Populiana* qui, en réalité, dépend du fonds de Tullius, mais est située de telle façon qu'elle semble faire partie de celui de Fabius. Tullius averti de cette erreur ou de cette malhonnêteté va trouver Acerronius qui allait se porter acquéreur du fonds et le met en garde contre les agissements de Fabius. Il écrit en même temps à son *procurator* qui était sur les lieux et à son fermier d'avoir à surveiller la *demonstratio* des *fines* que devait faire Fabius. Mais Fabius trouve moyen de faire cette *demonstratio* en l'absence du *procurator* et du fermier (3). — A quelque temps de là, Tullius étant sur sa terre, Fabius au cours d'une promenade qu'il fait sur la sienne, aperçoit une construction élevée par Tullius sur la *centuria Populiana*, et il rencontre sur cette *centuria* Philinus esclave de Tullius. Que faites-vous sur mon bien, lui dit-il? L'esclave répond que son maître est à la villa, que Fabius aille le trouver et lui demande des explications. Fabius se rend donc chez Tullius. Il s'entend avec lui pour faire la *deductio quae moribus fit* : « *Appellat Fabius ut aut ipse Tullium deduceret aut ab eo deduceretur* ». Tullius déclare que c'est lui qui fera la *deductio* et qu'il fournira le *vadimonium Romam*. Cette proposition est acceptée et l'entrevue prend fin. La nuit suivante des esclaves de Fabius envahissent la *centuria Populiana*, ils entrent dans l'édifice qu'y avait élevé Tullius, tuent les esclaves qu'ils y trouvent et démolissent l'immeuble. Tullius alors intente contre Fabius l'action *vi bonorum raptorum* sur laquelle plaide Cicéron (4).

Passons au *Pro Caecina*. Caecina, Aebutius et Fulcinius sont héritiers de Caesennia, le premier pour une part très impor-

(1) *Pro Tullio*, VI, 14.
(2) *Pro Tullio*, VI, 15 et 16.
(3) *Pro Tullio*, VII, 17.
(4) *Pro Tullio*, VIII, 19, 20, et IX, 21-23.

tante de la succession, le second et le troisième pour une part infime (1). Aebutius est un chicanier, il essaie par tous les moyens d'obtenir de son cohéritier Caecina plus de biens que le testament ne lui en laisse (2). Caecina, homme timide et qui n'aime point les procès, pour avoir la paix, permet à Aebutius de prendre dans la succession tout ce qui lui plaira. Mais Aebutius abuse de la permission, eu égard à son droit il émet des prétentions par trop exorbitantes, et Caecina se voit obligé de faire régler judiciairement la question de partage. Il demande la nomination d'un *arbiter familiae herciscundae* (3). Aebutius veut parer le coup. Il existait, parmi les biens laissés par Caesennia, un fonds qu'Aebutius avait autrefois acheté pour le compte de la défunte, dit Cicéron (4). Aebutius déclare à Caecina que ce n'est pas sur mandat de Caesennia, mais en son propre nom qu'il avait acheté le fonds en question. Il lui appartient donc en propre et ne doit pas être compris dans les biens à partager. Caesennia n'avait sur ce fonds qu'un droit d'usufruit. Caecina proteste contre cette prétention. Il faut donc qu'avant de procéder au partage on règle le point de savoir qui est propriétaire du bien litigieux. Caecina consulte des amis. Ils lui conseillent de jouer le rôle passif, celui de

(1) *Pro Caecina*, VI, 17.

(2) *Pro Caecina*, VII, 18.

(3) C'est en effet ainsi, contrairement à M. Bögli (*loc. cit.*, p. 11 et s.), que je comprends la phrase du § 19. « *In possessione bonorum cum esset, et cum iste sextulam nimium exaggeraret, nomine heredis arbitrium familiae herciscundae postulavit* ». C'est Caecina, me semble-t-il, qui est le sujet de *postulavit*, et non Aebutius. Logiquement en effet il ne saurait en être autrement. Caecina a permis à Aebutius de prendre ce qui lui convient dans la succession (*concessit Aebutio quantum vellet*). C'est ce que fait Aebutius, il abuse même de l'autorisation. Serait-il vraisemblable qu'il ait eu la pensée de faire constater cet abus par un *arbitrium familiae herciscundae?* Caecina au contraire voyant Aebutius donner trop d'importance à sa modeste *sextula*, sort de son inaction et réclame cet *arbitrium*. Cette fermeté surprend Aebutius qui pensait que Caecina reculerait toujours devant les procès comme il l'avait fait jusqu'à présent (VII, 18). Les procès n'effraient plus Caecina. Il le prouve, puisqu'il en intente un lui-même. Alors, Aebutius change de tactique, il soulève l'affaire du *fundus Fulcinianus* : « *Atque illis paucis diebus, posteaquam videt nihil se ab A. Caecina posse litium terrore abradere, homini Romae in foro denuntiat fundum illum... suum esse seseque sibi emisse* ».

(4) *Pro Caec.*, V, 15 et s.

deductus dans la *deductio quae moribus fit*. Aebutius accepte d'y jouer le rôle actif, celui de *deducens*, et l'on prend jour pour se rendre sur le fonds (1). Au jour dit, Caecina part pour le rendez-vous. Sur son chemin il rencontre des gens armés postés par Aebutius qui gardent toutes les issues du terrain d'où il devait être éconduit, et l'empêchent d'avancer. La *deductio* ne peut avoir lieu, Caecina demande au préteur P. Dolabella la délivrance de l'interdit *de vi armata* contre Aebutius.

Le *Pro Tullio* et le *Pro Caecina* sont comme je le disais plus haut les deux seuls textes où il soit fait mention de la *deductio quae moribus fit*. Dégageons de ces textes les renseignements que nous pouvons considérer comme acquis. Nous savons d'abord en quoi consistait la *deductio*. Les deux adversaires se rendent sur le fonds litigieux (*in rem praesentem*)(2) avec leurs témoins. Là, celui qui doit procéder à la *deductio* expulse son adversaire en lui faisant violence (*vis ac deductio fit*) (3). Cette violence est une *vis ex conventu* (4). Dans le *Pro Tullio* comme dans le *Pro Caecina*, il nous apparaît avec évidence que pour procéder à la *deductio* les deux plaideurs s'entendent à l'amiable sans qu'il soit besoin de faire intervenir un magistrat. On peut tirer de là sans crainte d'aller trop loin que, si la *deductio* est une procédure d'introduction d'instance, elle n'est pas une procédure régulière, mais une procédure détournée. Cette opinion est encore confirmée par le fait que non seulement les adversaires s'entendent pour savoir si l'on procédera à la *deductio*, mais qu'ils s'entendent également pour savoir qui jouera le rôle de *deducens* et qui le rôle de *deductus* (5). Aucun des

(1) *Pro Caec.*, VII, 19 et s.

(2) *Pro Caec.*, *VII*, 20 et s. *Placuit Caecinae de amicorum sententia constituere, quo die in rem praesentem veniretur et de fundo Caecina moribus deduceretur... Caecina cum amicis ad diem venit in castellum Axiam... De castello descendunt, ad fundum proficiscuntur.*

(3) *Pro Caec.*, *XI*, 32... *Cum ad constitutam diem tempusque venisset, ut vis ac deductio moribus fieret...*

(4) *Pro Caec. VIII*, 22. *Quo loco depulsus Caecina tamen, qua potuit, ad eum fundum profectus [est], in quo ex conventu vim fieri oportebat...*

(5) Sur ces divers points: *Pro Caec. VII*, 20. *Conloquuntur; dies ex utriusque commodo sumitur. Pro Tull. VII*, 20. *Appellat Fabius ut aut ipse Tullium deduceret aut ab eo deduceretur. Dicit deducturum se Tullius, vadimonium Fabio Romam promissurum. Manet in ea condicione Fabius. Mature disceditur.*

plaideurs n'a donc le droit de jouer l'un de ces rôles de préférence à l'autre. Ils ne semblent pas d'ailleurs attacher une grande importance au fait de jouer l'un ou l'autre rôle (1), et cependant, remarquons que d'après les règles du droit romain, la *deductio* une fois faite, le *deducens* sera possesseur non équivoque du fonds dont il s'est emparé *vi*. Or, Caecina qui pourtant se prétend possesseur n'hésite pas à subir la *deductio*, il offre même spontanément à Aebutius de jouer le rôle de *deductus* (2).

Ces principes posés, essayons de déterminer à quelle procédure *in rem* — car elle fait incontestablement partie d'une telle procédure — il faut rattacher la *deductio* (3). Appartient-elle à la *legis actio per sacramentum?* Le seul acte de cette procédure que l'on pourrait comparer à la *deductio* est la *manuum consertio*. Cette formalité aurait-elle pris la forme nouvelle de la *deductio* au temps de Cicéron? La *deductio* est le premier acte de procédure accompli par Tullius et par Caecina au cours du procès qu'ils entament. Or, Cicéron dans le *Pro Murena* (XII, 26) ne nous parle d'aucun voyage rituel sur le fonds précédant la comparution *in jure* et analogue à celui qu'accomplissaient autrefois les parties et le préteur (4). Même si le voyage rituel

(1) Cela ressort avec évidence du fait que Fabius consent à jouer le rôle de *deductus* parce que Tullius lui promet le *vadimonium Romam* et du fait que Caecina se propose lui-même pour jouer le rôle passif.

(2) *Pro Caec.* VII, 20.

(3) En dehors de celles que nous donnons dans les notes suivantes, on trouvera quelques indications complémentaires sur la littérature du sujet dans Hofmann, *Beitr. zur Gesch. des griech. und röm. Rechts*, p. 129; Ubbelohde, *Interd.*, I, p. 219 et s.; Saleilles, *Nlle Rev. hist.*, 1892, p. 288 et Bögli, *loc. cit.*, p. 30.

(4) Savigny (*Zeitsch. f. geschichl. Rechtsw.*, III, p. 421) rattache la *deductio* à la procédure de la *legis actio per sacramentum*. Il pense que c'était une cérémonie au cours de laquelle les plaideurs allaient solennellement chercher la motte de terre sur laquelle ils feraient ensuite la *vindicatio* devant le préteur. Ce cérémonial aurait simplifié les rites du *sacramentum in rem*. Autrefois les plaideurs se rendaient sur le fonds avec le préteur. A partir d'une certaine époque, le préteur trop occupé ordonne aux parties de se rendre seules sur le fonds. Celles-ci rapportent la *gleba* sur laquelle elles prononceront les paroles sacramentelles (Aulu-Gelle, XX, 10). Les choses selon Savigny devaient se passer ainsi pour les fonds de terre situés à proximité de Rome. Pour ceux qui en étaient distants au contraire, les plaideurs, avant toute comparution, allaient chercher la *gleba* (*deductio q. m. f.*) puis venaient *in jure*.

eût existé, ce qui est possible après tout, malgré le silence du *Pro Murena*, il me semble qu'il n'eût pas revêtu la forme d'une *deductio* et d'une *vis ex conventu*, l'une et l'autre étant parfaitement inutiles au point de vue procédural, car elles feraient double emploi avec la *manuum consertio* qui n'avait lieu, nous le savons, qu'après la comparution *in jure*. Il me paraît donc bien difficile de rattacher la *deductio* à l'ancienne *legis actio per sacramentum*.

Faut-il la rattacher à la procédure *per sponsionem* (1)? Serait-

Le préteur leur ordonnait alors de se rendre sur le fonds. Ils simulaient le voyage par le va-et-vient symbolique dont parle Cicéron au *Pro Murena* (XII, 26). (Cf. la réfutation de Keller, *Zeitsch. f. gesch. Rechtswis.*, XI, p. 287). Sur les rapports possibles entre la *deductio* et la *legis actio per sacramentum*, cf. encore Rudorff, *Jahrb. für wiss. Krit.* 1843, n° 76, p. 602; Witte, *Das interd. uti possid.*, p. 32.

Ubbelohde (*Interd.* II, p. 642) a rattaché également la *deductio* au *sacramentum in rem*. Elle aurait été employée dans le cas où la possession étant douteuse et les parties n'osant la faire régler par la procédure trop délicate de l'interdit *uti possidetis* auraient intenté la revendication non en utilisant la procédure *per sponsionem*, mais l'ancienne *legis actio per sacramentum*. La prise de possession du *deducens* devait indiquer au préteur à qui attribuer les *vindiciae*. Cette hypothèse semble par trop conjecturale. Il n'existe aucun indice permettant de supposer que les parties pouvaient guider le préteur dans l'attribution des *vindiciae*. En outre, pas plus que celle de Savigny cette doctrine ne rend compte de la *vis* qui accompagne la *deductio*. Cf. Saleilles, *loc. cit.*, p. 238.

(1) *Sic*, Bethmann-Hollweg, *Civilpr.* II, p. 235; Krüger, *Kritisch. Versuch. in Gebiete des röm. Rechts*, p. 87. Exner, *Die imaginäre Gewalt.*, *Sav.-Stift.*, VIII, p. 167-195; Costa, *Le orazioni di diritto privato di M. Tullio Cicerone*, p. 81.

La théorie typique sur la *deductio* rattachée à la procédure de revendication *per sponsionem*, celle que les auteurs précités n'ont guère fait que reproduire avec de légères variantes est due à Keller (*Semestria ad M. Tullium*, p. 370 et *Zeitschr. f. geschicht. Rechtswiss.* XI, p. 287 et suiv.). Selon lui la *deductio* serait exercée par le possesseur (futur défendeur) qui affirmerait par ce rite sa possession que reconnaîtrait le *deductus* (futur demandeur). Au cas où la possession serait douteuse, on la ferait au préalable régler par un interdit. En somme la *deductio* serait un rite analogue à la *manuum consertio*, mais adapté à la procédure *per sponsionem* qui est une procédure simple et non une procédure double comme le *sacramentum in rem*. L'idée de Keller a été reprise par M. Mitteis (*S.-Stif. 1902*, *Romanist. Papyrusstud.*, p. 274 et s.).

Voici les conclusions du savant romaniste. La *deductio* est faite par le futur défendeur (dont la possession a été au préalable, s'il en a été besoin, établie par un interdit). Elle fait partie du procès au pétitoire et non au possessoire. Elle a comme but subsidiaire de déterminer l'identité du fonds et ses limites

elle un combat simulé tel que la *manuum consertio?* Mais alors quelle serait l'utilité d'un semblable combat? Il ne suffit pas de

précises (Cette dernière opinion peut être exacte, mais rien ne la démontre dans les textes). M. Mitteis appuie sa théorie d'un ingénieux argument de droit comparé, il voit entre l'ἐξαγωγή du droit attique et la *deductio* des rapports d'identité qui le confirment dans sa thèse. Cette comparaison ne semble pas légitime. Il s'agit de savoir si la *deductio* sert au possessoire ou au pétitoire; on ne peut donc pour éclairer la question prendre un terme de comparaison dans une législation qui comme celle d'Athènes ne connaît pas la protection de la possession comme le droit romain, et où un système analogue à celui des interdits possessoires n'est pas organisé. Au reste, une sommaire analyse de l'ἐξαγωγή attique va nous permettre de faire apparaître les différences qui existent entre elle et la *deductio*. L'ἐξαγωγή nous est mentionnée dans les textes suivants : Demosthène *contra Onet.* I, p. 865, 4. *contra Zenoth.*, p. 886, 17 et suiv. *contra Leoch.*, p. 1090, 32; Isée *de Pyrrhi hered.*, p. 40, 22; p. 44, 62; *de Dicaeog. her.* p. 53, 22. Voici ce que nous apprend l'examen de ces différents textes. Certaines personnes telles que propriétaire, créancier hypothécaire à l'échéance de la dette, héritier saisi ou ayant obtenu la λῆξις τοῦ κλήρου (*contra Leoch.*) peuvent protéger leur droit à la possession mobilière ou immobilière en chassant d'après des rites spéciaux et d'ailleurs mal connus tout individu qui les trouble : ἐξάγειν. Remarquons que l'ἐξαγωγή semble bien être pour eux un droit qu'ils peuvent exercer même si leur adversaire n'y consent pas, même s'il leur propose de prendre une autre voie (*contra Onet.* I, p. 864, 2). [Il y a cependant un texte où l'on voit celui qui doit subir l'ἐξαγωγή s'y refuser (*cont. Zenoth.*, p. 886, 17). Ce texte prouverait tout au plus selon nous que celui qui devait subir l'ἐξαγωγή pouvait exiger peut-être dans certains cas seulement, peut-être dans tous, que son adversaire démontrât d'abord son droit d'ἐξάγειν]. Pour la *deductio* au contraire, il ressort nettement des discours de Cicéron qu'on ne la fait qu'après s'être entendus. Ce n'est pas seulement le point de savoir si elle aura lieu ou non qui est discuté dans la *deductio*; mais on discute encore qui la fera et qui la subira; qui sera *deducens* et qui *deductus*. Rien de semblable dans les cas d'ἐξαγωγή que nous connaissons. L'un des plaideurs doit ἐξάγειν et l'autre ἐξάγεσθαι. Donc dans les seuls points où elle pourrait être comparable à la *deductio*, l'ἐξαγωγή en diffère d'une façon notable. Poursuivons le parallèle. Est-il bien certain que l'ἐξαγωγή conduira fatalement à un procès? Il me semble logique de penser que, si celui qui l'a subie reconnaît le droit de celui qui l'a faite, les choses en resteront là. Aucun texte ne nous donne cette solution, rien d'étonnant à cela puisque nous ne sommes renseignés sur l'institution que par des plaidoyers qui par définition ne s'occupent pas des questions non litigieuses. Si au contraire celui qui a subi l'ἐξαγωγή conteste le droit de l'ἐξάγων, ce qui est le cas dans les textes que nous connaissons, nous voyons qu'il intente contre lui l'action réelle, la pétition d'hérédité par exemple, mais nous le voyons aussi, tel Démosthène contre Onétor, intenter la δίκη ἐξούλης, action par laquelle il réclame qu'on lui rende la chose dont il a été dépossédé et qui entraîne pour le perdant la condamnation à une

dire pour l'expliquer que par habitude traditionnelle les Romains auraient transplanté la *vis ex conventu* de la *legis actio* à la procédure *per sponsionem*. On ne peut supposer ainsi gratuitement aux plaideurs romains le goût des choses inutiles. Il n'y a pas de rite de procédure qui n'ait sa raison d'être ; sous sa forme symbolique il rappelle une réalité autrefois vivante ; l'histoire et la tradition permettent toujours de l'expliquer. La *manuum consertio* se comprend fort bien comme préambule de la *legis actio per sacramentum ;* que viendrait faire la *deductio quae moribus fit* dans une procédure où ce n'est même pas la question de propriété qui est posée au juge, mais celle de savoir si le défendeur doit ou ne doit pas le montant de la *sponsio praejudicialis?*

Je note cependant que c'est certainement à la procédure *per sponsionem* ou à la *formula petitoria* que doit appartenir la *deductio;* en effet comme je le faisais remarquer, — ce point me semble primordial — la *deductio* une fois faite, il existe un possesseur non équivoque installé sur le fonds litigieux. L'un des plaideurs désormais possède sûrement : le *deducens;* l'autre, sûrement aussi, ne possède pas ou ne possède plus : le *deductus*. Ce ne doit pas être par hasard que les choses se passent ainsi. Si l'on prend aussi nettement soin d'installer un possesseur sur le fonds, c'est-à-dire en somme de régler la question de possession, c'est sans doute qu'il importe aux plaideurs de savoir qui possède avant d'intenter le procès sur le fond du droit, et qu'ils doivent régler cette question avant d'aller plus loin. Or, rien de semblable dans le *sacramentum in rem*. Au début de l'instance il est inutile de débattre la question de possession. Les deux plaideurs jouent en effet un rôle identique ; ils sont tous les deux demandeurs. La question de possession ne sera prise en considération que lors de l'attribution des *vindiciae*. Dans la procédure *per sponsionem* ou *per formulam* au contraire, il importe au plus haut point de savoir dès l'abord qui possède et qui ne possède pas ; puisque celui-ci jouera le

amende. Cette δίκη que certains auteurs ont comparée à l'interdit *unde vi* lui ressemble en effet sous certains rapports. On ne peut la qualifier d'action possessoire puisque le droit attique ne connaît pas cette catégorie d'actions, mais il convient d'avouer cependant que sa présence nous permet de conclure que si l'ἐξαγωγή fournit des arguments en faveur de la théorie de M. Mitteis, elle en fournit également, autant que faire se peut, en faveur de notre théorie.

rôle de demandeur, celui-là de défendeur. La *deductio*, acte relatif à la possession précédant toute procédure au pétitoire, ne peut donc se rapporter qu'au procès *per sponsionem* ou *per formulam*.

Mais remarquons que si la *deductio* tranche (au moins provisoirement) la question de possession, c'est que cette question était douteuse ; si elle ne l'avait pas été en effet, s'il s'agissait simplement d'affirmer par un acte extérieur le droit d'une des parties, la *vis ex conventu* ne se comprendrait pas, une *deductio* suffirait, ou même un simple acte de délaissement, comme il en existe dans le droit égyptien de la période ptolémaïque (1). Or, si la question de possession est douteuse, il est indispensable de la régler avant de passer au procès sur le fond. J'en conclus que la *deductio* doit se rapporter à la procédure du possessoire et non à celle du pétitoire.

Ce raisonnement est facilement vérifiable ; nous n'avons qu'à jeter un coup d'œil sur le *Pro Tullio* et le *Pro Caecina* pour apercevoir que dans l'un et l'autre procès ce n'est pas seulement la question de propriété qui est douteuse, mais aussi la question de possession. Fabius se prétend propriétaire dans le *Pro Tullio ;* mais notons qu'il ne détient pas la *centuria Populiana* laquelle est occupée par les esclaves de Tullius (2). Or Fabius conteste à Tullius son droit à la possession (que Cicéron a bien soin de démontrer fortement établi) (3) : ce qui le prouve, c'est qu'il interpelle l'esclave Philinus : « *quid vobis istic negotii in meo est* ». S'il avait reconnu à Tullius le droit de posséder, il eût trouvé tout naturel de voir le fonds détenu par ses esclaves.

Dans le *Pro Caecina* il est encore plus évident que la question de possession est controversée. On peut tirer argument

(1) Pap. Grenfell, I, n. II, réédité par Mitteis, *Sav.-Stift.* 1902, p. 274, Col. I, ligne 20... ἐγράψατο ἀποστ]ασίου μή[τε] ἑαυτοὺς ἐπ[ελε]ύσεσθαι μήτε ἄλλον [μηδένα τῶν] παρ' αὐτῶν. Comp. même papyr. Col. II, l. 19 et 20.

(2) Cicéron insiste sur cette idée ; il tient notamment à spécifier qu'au moment de la *demonstratio* des *fines* la *centuria* est déjà occupée par les gens de Tullius. Cf. VII, 17 : « *Illis absentibus* (*procurator et villicus*) *fines Acerronio demonstravit neque tamen hanc centuriam Populianam vacuam tradidit* ».

(3) VII. 16. *Est in agro centuria, quae Populiana nominatur, recuperatores, quae semper M. Tulli fuit, quam etiam pater pos[sederat...]*

en ce sens non seulement du fait que Cicéron parle de *controversia possessionis* à propos de la *deductio* qui devait avoir lieu (1), mais en outre, l'ensemble du plaidoyer démontre que des doutes étaient permis sur le point de savoir qui possédait. Cicéron essaie de démontrer que son client avait la possession quoique cependant il estime cette démonstration inutile pour le présent procès; et d'autre part, l'acte d'Aebutius suppose qu'il se considérait bien lui-même comme possesseur, sans quoi se fût-il emparé *vi armata* de la possession d'un fonds qu'il n'aurait pu évidemment conserver à la suite de l'interdit possessoire quel qu'il fût demandé contre lui par Caecina? Enfin, si la procédure intentée à l'aide de la *deductio* était une revendication, on ne comprendrait pas qu'Aebutius n'eût pas mis en cause l'affranchi Fulcinius qui est le cohéritier de Caecina. Au contraire, Caecina étant *in possessione bonorum* (2), c'est à lui seul que l'on doit logiquement s'adresser pour régler la question de possession.

Ces diverses considérations tirées du *Pro Tullio* et du *Pro Caecina* confirment donc le raisonnement précédent : il me semble désormais établi que la *deductio* fait partie de la procédure du possessoire et non du pétitoire.

Mais avant d'aller plus loin, une question doit logiquement être posée. La *deductio* ne serait-elle pas un arrangement amiable à la suite duquel on considérerait la question de possession comme résolue (3)? Après la *deductio*, en effet, le *deducens* possède; sans doute il possède *vi*, et sa possession peut être de ce chef viciée, mais enfin il possède; la question

(1) XI, 33.

(2) VII, 19.

(3) M. Jobbé-Duval, *Procédure civile chez les Romains*, t. I, p. 452 et suiv., pense que la *deductio* était une prise de possession effectuée par celui des plaideurs qui consentait après entente à garder la chose revendiquée pendant les débats et à fournir la *cautio pro praede litis et vindiciarum* (p. 467). Il me semble que cette théorie ne justifie pas suffisamment la *vis* caractéristique dans la *deductio* et que d'autre part elle ne tient pas compte de ce fait que l'incertitude plane sur le point de savoir qui possède dans le procès de Tullius et dans celui de Caecina. Ce n'est pas seulement la possession intérimaire que devaient régler les plaideurs, mais la possession tout court. Si pour la première, une entente amiable est possible, pour la seconde elle serait bien peu vraisemblable.

de possession n'est plus désormais douteuse. On pourrait donc à la rigueur s'en tenir là et passer au procès au pétitoire, le *deductus* jouant le rôle de demandeur et le *deducens* celui de défendeur. Mais il est absolument invraisemblable de penser que l'on s'entendra si facilement sur la question de la possession *définitive*; on peut ajouter en outre qu'il serait bien bizarre que Fabius eût reconnu de gaîté de cœur la possession à Tullius contre la simple promesse que lui fait celui-ci de s'engager par le *vadimonium Romam faciendum* (1). On ne sacrifie pas ainsi l'avantage d'être défendeur au procès. Il faut donc bien supposer, quoique nous n'en ayons aucune preuve directe, qu'un procès au possessoire devait se greffer sur la *deductio* dans l'hypothèse du *Pro Tullio*. Dans le Pro Caecina, la question ne fait aucun doute; il est certain que les deux adversaires devaient plaider au possessoire et que la *deductio* avait pour but d'introduire l'instance. Comme preuve je puis invoquer la phrase où Cicéron reprochant à Aebutius d'avoir assemblé des hommes en armes, s'exprime ainsi :

Convocari homines propter possessionis controversiam non oportet, armari multitudines juris retinendi gratia non convenit (2).

Quelques lignes plus loin nous rencontrons encore les expressions suivantes : *Qui ad constitutum experiundi juris gratia venissent.... Quid ad causam possessionis, quid ad restituendum eum quem oportet restitui* (3).

Il y avait donc *controversia possessionis*. Le mot *controversia* fait certainement allusion à un conflit qui doit, ou au moins peut se régler devant un juge (4). En outre, parmi les arguments que donne Cicéron en faveur de la possession de son client, il en est un qui milite encore en faveur de cette thèse.

(1) *Pro Tull.*, VIII, 20.

(2) XI, 33.

(3) XII, 33, 35.

(4) Le doute sur ce point ne me semble pas possible; le mot *controversia* a certainement ici le même sens que dans un autre passage du *Pro Caecina* (II, 6) ... *quod omnia judicia aut distrahendarum controversiarum aut puniendorum maleficiorum causa reperta sunt...* Cf. encore *De Orat.* II, 24 : *Sive ex crimine causa constet, ut facinoris, sive ex controversia ut hereditatis, sive ex deliberatione ut belli...*

Caecina est certainement possesseur, dit l'orateur, la preuve c'est qu'il n'a pas hésité à jouer le rôle de *deductus* dans la *deductio quae moribus fit* (1). Or, je le répète, le *deductus* même s'il possédait régulièrement perd la possession par le fait de la *deductio*. A partir de ce moment c'est nécessairement le *deducens* qui possède. Si aucun procès ne doit se greffer sur la *deductio,* il est inadmissible que Caecina ait consenti à se laisser ainsi bénévolement dépouiller d'un droit dont il se dit si sûr. Il aurait dû, bien au contraire, réserver à tout prix le rôle de *deducens*. En tout cas on ne pourrait invoquer comme preuve de son droit à la possession le fait qu'il a consenti à abandonner cette possession. On peut donc affirmer que dans le *Pro Tullio* où la chose est vraisemblable et dans le *Pro Caecina* où elle est certaine un procés au possessoire devait se greffer sur la *deductio*.

Ce procès ne peut être naturellement qu'un interdit; reste à savoir lequel des interdits possessoires. Le premier auquel on est amené tout naturellement à penser est l'interdit *uti possidetis* qui, nous le savons, servait régulièrement à régler la question de possession en matière immobilière. Cette théorie a été soutenue par de nombreux auteurs (2). Elle se heurte

(1) XXXII, 95. *Postea cur tu, Aebuti, de isto potius fundo quam de alio, si quem habes, Caecinae denuntiabas, si Caecina non possidebat ? Ipse porro Caecina cur se moribus deduci volebat idque tibi de amicorum* [*de his de Aquili*] *sententia responderat et aequum...*

(2) *Sic*, Karlowa, *Beiträge zur Geschichte des röm. Civilproc.*, p. 20 et s.; Kappeyne van Coppello, *Abhandlungen z. Röm. Staats und Privatrecht.* (trad. Conrat), p. 115 et s.; Munderloh, *Zur Gesch. der Besitzklagen*, *Sav.-Stif.* 1882, p. 219-237, 1883, p. 61-84; Saleilles, *La Controversia possessionis et la vis ex conventu*, *Nlle Rev. hist.*, 1892, p. 291 et suiv. Cette opinion à la rigueur peut se soutenir; l'*exceptio vitiosae possessionis* permettrait en effet au *deductus* de reprendre la possession dont l'a dépouillé le *deducens;* à condition, comme je le dis au texte, que le *deductus* acquière le droit d'agir en faisant à son tour subir la *deductio*. On ne comprendrait pas en effet autrement que le *deductus* pût demander qu'on le maintienne dans la possession qu'il a perdue — il ne peut demander qu'une chose, qu'on lui rende cette possession. Mais il est impossible de voir dans la *deductio* comme l'a fait Pflüger (*Die sogenannten Besitzklagen*), p. 21-69, la *vis ex conventu* de l'interdit *Uti possidetis* dont parle Gaius (IV, 170), *vis ex conventu* qui figure dans les *cetera ex interdicto*. Il est bien évident en effet que dans le *Pro Tullio* et dans le *Pro Caecina* la *deductio* intervient à un moment où aucun interdit n'a encore été rendu.

pourtant à une invraisemblance. Qu'on envisage en effet la situation créée par la *deductio*, et l'on s'apercevra facilement combien elle est peu adaptée à l'hypothèse de l'interdit *uti possidetis*. Dans cet interdit, chaque plaideur demande que l'on maintienne sa possession telle qu'elle existe au moment où il réclame la protection du préteur. Cela suppose donc que chaque adversaire se prétend possesseur et se plaint de ce qu'on trouble sa possession. Or, au cours de la *deductio* un seul des plaideurs a été troublé, le *deductus;* ne faudrait-il pas logiquement, si la *deductio* est nécessaire pour introduire l'interdit *uti possidetis*, que le *deductus*, après l'avoir subie, la fît subir à son tour au *deducens?* Les deux plaideurs sont en effet demandeurs dans l'interdit *uti possidetis*. Rien dans nos textes ne prouve ce retour offensif du *deductus*.

On pourrait cependant en faveur de l'interdit *uti possidetis*, tirer argument d'une expression dont Cicéron se sert par deux fois dans le *Pro Caecina*. Il dit en parlant d'Aebutius : « *si facta vis esset moribus, superior in possessione retinenda non fuisset* ». Plus loin, il dit encore, en parlant du même personnage : « *Armari multitudinem juris retinendi causa non convenit* (1) ». L'interdit en question serait donc un interdit *retinendae possessionis?* (2) Il ne pourrait dès lors s'agir que de l'interdit *uti possidetis*. L'argument serait troublant, il pourrait même être décisif si Cicéron employait l'expression *retinere possessionem* en parlant de Caecina : celui qui devait jouer le rôle de *deductus*. Mais cette même expression appliquée à Aebutius, le *deducens*, n'a plus la même importance. Aebutius devait en effet s'emparer de la possession *vi* si la *deductio* avait eu lieu; en fait, sans *deductio*, il s'en est emparé *vi*, et c'est précisément ce que reconnaît Caecina puisqu'il intente contre lui l'interdit *de vi armata*. La *deductio* une fois accomplie, le *deducens* est forcément possesseur, donc, l'interdit sur lequel il plaide, quel que soit cet interdit, est à son égard une voie de procédure *retinendae possessionis gratia*. L'expression employée par Cicéron ne prouve donc rien.

On comprendrait d'ailleurs difficilement que le rite de la *de-*

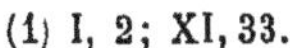

(1) I, 2; XI, 33.
(2) *Sic*, Saleilles, *loc. cit.*, p. 29.

ductio qui comporte non pas seulement une prise de possession mais une prise de possession *violente* eût été nécessaire pour entamer la procédure de l'interdit *uti possidetis*. Un simple trouble possessoire quelconque suffit pour permettre aux plaideurs de demander l'interdit au temps d'Ulpien, pourquoi n'en aurait-il pas été de même autrefois (1)? Gaius ne nous mentionne pas la disparition d'un rite introductif d'instance. Ne sont-ce pas là des arguments que l'on peut opposer à la théorie qui rattache la *deductio* à l'interdit *uti possidetis?* En outre, l'interdit *uti possidetis* est un interdit double, où chaque partie est à la fois demanderesse et défenderesse; comment supposer que le rite de la *deductio* où nous trouvons un *deducens* et un *deductus* ait servi à introduire une instance double? On comprendrait bien mieux pour introduire une telle instance un combat sans issue où chacun commettrait une *vis* telle la *manuum consertio* ou encore la *vis ex conventu* qui suit la reddition de l'interdit *uti possidetis*. Enfin, et ce point a été nettement mis en lumière par M. Bögli (2), si la *deductio* devait mener à l'interdit *uti possidetis*, la conduite d'Aebutius dans le Pro Caecina ne se comprendrait pas. Il est bien certain qu'en agissant comme il l'a fait, Aebutius a eu l'intention d'empêcher son adversaire de suivre dans le procès la marche convenue. Peut-être faut-il même en dire autant de Fabius (3). Or, ils n'ont pas le moins du monde empêché que l'on demande au préteur la délivrance de l'interdit *uti possidetis*, car de deux choses l'une, ou il suffit d'un simple trouble possessoire pour qu'on puisse demander cet interdit; ce trouble possessoire, l'un et l'autre l'ont commis; ou il faut au temps de Cicéron un acte de violence et l'on ne peut nier que tous

(1) D. 43, 17, 3, 2 et s. Munderloh, *loc. cit.*, p. 223, pense que la chose s'expliquerait par une évolution historique. Au temps de Cicéron la *vis ex conventu* de l'interdit *uti possidetis* avait lieu avant que le préteur n'ait rendu l'interdit, au temps de Gaius elle avait lieu après. Cette théorie est purement conjecturale.

(2) Cf. Bögli, *loc. cit.*, p. 36.

(3) La chose n'est pas aussi certaine cependant : peut-être les gens de Fabius ne se sont-ils livrés au massacre des esclaves de Tullius que pour se venger d'actes dont ils accusaient ces derniers : le meurtre d'un de leurs compagnons et l'incendie d'une *casa*. Cf. XXIV, 54. « *At servus meus non comparet, qui visus est cum tuis; at, casa mea incensa est a tuis* ».

deux se soient rendus coupables d'un acte pareil. Dans ce dernier cas, pour engager l'action, leurs adversaires n'auraient qu'à les payer de retour et à troubler eux aussi violemment leur possession. Soutiendrait-on que hors la *deductio* amiable l'interdit ne pourrait être demandé? Ce serait échafauder inutilement hypothèse sur hypothèse. Dès lors, Fabius et Aebutius auraient eu simplement la maladresse d'aggraver leur cas, puisque leurs agissements permettent désormais d'intenter contre eux, outre l'interdit *uti possidetis*, ou l'interdit *unde vi*, une action telle que l'action *vi bonorum raptorum* ou les *judicia* des *leges Corneliae*(1)? Ce serait leur supposer bien peu d'habileté. Donc, si l'on peut penser à première vue que l'interdit *uti possidetis* était l'aboutissant de la *deductio*, il existe cependant de bonnes raisons pour croire qu'il faut chercher ailleurs la solution du problème, et que peut-être un autre interdit serait là tout aussi bien à sa place. Si cet interdit expliquait en outre mieux que l'interdit *uti possidetis* les particularités du *Pro Caecina*, il serait logique de lui donner la préférence.

Le seul interdit possessoire qui réponde à ces conditions est, l'interdit *unde vi* (2). Il est dès l'abord assez naturel que l'on ait pu l'intenter à la suite de la *deductio quae moribus fit* qui constitue précisément une *vis*. Inutile semble-t-il pour introduire l'*uti possidetis*, sa raison d'être s'explique sans peine s'il s'agit dans nos plaidoyers de l'in-

(1) *Pro Caec.*, III, 9. « *Ex quo genere peccati, ut illi clamitant, vel injuriarum vel capitis judicia constituta sunt* ».

(2) *Sic*, Exner, *loc. cit.*, p. 192; Bögli, p. 39. — Hotman (*Obs.*, VII, 6) pensait que l'interdit *unde vi quotidianum* était un interdit possessoire fondé non sur une violence réelle, mais sur une *vis festucaria* que constituait précisément la *deductio*. Plus tard, la *vis festucaria* serait tombée en désuétude et l'on n'aurait plus connu qu'une *vis armata* et une *vis non armata* auxquelles correspondaient les deux interdits *unde vi*. — Voyez sur cette théorie et d'autres similaires, Savigny (*Zeitsch. f. geschichtl. Rechtswis.*, III, p. 433). J'estime, comme cet auteur, que c'est bien une violence réelle que vise l'interdit *unde vi* (*non armata*) et que c'est bien pour réparer les effets d'une telle violence qu'il a été institué. Je pense cependant, pour les raisons que j'expose plus loin, que les plaideurs au temps de Cicéron employaient cet interdit créé uniquement en vue de la répression des violences réelles pour régler la question de possession. A l'aide d'une violence fictive, ils détournaient l'interdit *unde vi* de sa destination primitive. — V. pour les anciens auteurs qui ont soutenu ou admis la théorie d'Hotman l'article précité de Savigny, p. 434.

terdit *unde vi*. Rien n'empêche rationnellement que l'interdit *unde vi* ait fonctionné dans notre hypothèse et que les plaideurs s'en soient servis pour faire régler la question de possession. L'interdit *unde vi* présente, en effet, procéduralement les mêmes avantages que l'interdit *uti possidetis*. Dans l'interdit *uti possidetis* qui est double, chaque plaideur doit démontrer sa possession. Or, *en fait*, et quoique les apparences semblent contraires, puisque théoriquement le demandeur seul est chargé de la preuve, c'est exactement ce qui se passe pour la majorité des cas dans l'interdit *unde vi*. Je dis en fait et je devrais ajouter : à condition que celui qui se rend coupable de la violence n'ait pas agi uniquement par chicane, mais bien parce qu'il se prétend lui-même possesseur ; ce qui est certainement l'hypothèse la plus fréquente, ce qui doit toujours être l'hypothèse dans notre cas si, comme je le suppose, l'interdit *unde vi* est l'aboutissant de la *vis ex conventu* que constitue la *deductio*. On ne comprendrait pas, en effet, que deux plaideurs se missent d'accord pour faire régler une question de possession ou une question quelconque si l'un d'eux était certain à l'avance de perdre son procès (1). Que réclame le demandeur dans l'interdit *unde vi*? La formule de l'interdit, telle qu'elle existait au temps de Cicéron, répond suffisamment à cette question (2).

UNDE TU AUT FAMILIA AUT PROCURATOR TUUS ILLUM AUT FAMILIAM AUT PROCURATOREM ILLIUS IN HOC ANNO VI DEJECISTI, CUM ILLE POSSIDERET, QUOD NEC VI NEC CLAM NEC PRECARIO A TE POSSIDERET EO RESTITUAS.

Le demandeur prétend donc qu'on lui restitue l'immeuble dont il a été dépossédé *vi*. Pour faire valoir sa prétention, il est obligé d'abord de démontrer le fait matériel de la violence, ce qui au cas de *deductio* sera chose aisée, la violence étant ici une *vis ex conventu* dûment constatée par témoins. Il faut ensuite qu'il démontre sa possession, car ce n'est qu'à cette

(1) A moins que l'on ne soutienne comme Kappeyne von Coppello, *loc. cit.*, p. 158 et s., que la *vis ex conventu* était tellement entrée dans les mœurs des Romains qu'ils l'employaient même là où elle n'était pas nécessaire.

(2) Cf. Lenel, *Edit. perp.*, *éd. franç.*, II, p. 298 (2e édit. allemande, p. 446) et Keller, *Semestria ad M. Tullium*, p. 293.

condition que le préteur lui accorde la protection de l'interdit. S'il a subi une violence sans être possesseur, il peut en obtenir réparation par des actions spéciales, l'*actio injuriarum* par exemple, mais il ne pourra prétendre qu'on lui restitue une possession à laquelle il n'avait pas droit. Le demandeur doit donc avant tout établir qu'il possédait. Que fera le défendeur? Théoriquement pourrait-on dire, il n'a qu'à attendre la preuve administrée par le demandeur. Si elle est insuffisante il ne sera pas condamné. Mais il y a tout lieu de supposer qu'un plaideur qui intente un interdit *unde vi* a de bonnes raisons pour se croire possesseur, sans quoi il n'eût pas risqué le procès; il faut donc admettre qu'en fait le défendeur aura toujours à détruire la preuve ou le semblant de preuve administrée par le demandeur, car il y a toujours à craindre que le tribunal n'admette les raisons bonnes ou mauvaises de l'adversaire. C'est dire qu'il devra forcément démontrer s'il ne veut être condamné que le demandeur ne possédait pas. Or, on sait que démontrer un fait purement négatif est chose impossible; on ne peut démontrer qu'un fait n'existe pas qu'en démontrant qu'un autre fait exclusif du premier existe. On pourrait penser que ce fait exclusif du premier sera peut-être la possession d'un tiers quelconque et je ne nie pas que la chose ne se soit parfois passée ainsi dans l'interdit *unde vi* intenté à la suite d'une violence réelle, mais si, comme dans notre hypothèse, les plaideurs se sont mis d'accord pour intenter l'interdit *unde vi* à la suite d'une violence *ex conventu*, le simple fait de la convention prouve surabondamment que l'un et l'autre se considéraient comme possesseurs. Dès lors, c'est en administrant la preuve de sa propre possession que le défendeur détruira la preuve fournie par son adversaire. Donc, forcément, si c'est à la suite d'une *vis ex conventu* que l'interdit est intenté, les deux plaideurs seront amenés à démontrer leur possession (1). Il est

(1) Il existe cependant une hypothèse dans laquelle les choses ne se passeront pas ainsi. Ce n'est pas celle où le demandeur ne prouverait rien (pratiquement cette hypothèse est irréalisable), mais celle où il s'appuierait sur des titres faux. Le défendeur, n'aurait qu'à démontrer la fausseté de ces titres sans plus pour être absous et par conséquent garder la possession. Ce n'est pas là, remarquons-le bien, une différence avec l'interdit *uti possidetis* dans lequel, si rien de part et d'autre n'a été prouvé, le possesseur intérimaire restera en possession tout comme le *deducens* dans notre hypothèse.

donc rationnellement admissible que l'on ait intenté l'interdit *unde vi* aux lieu et place de l'interdit *uti possidetis* : l'un et l'autre offraient en effet les mêmes avantages procéduraux, et cela explique pourquoi il est à peu près indifférent d'être *deducens* ou *deductus* : quel que soit le rôle que l'on joue dans la *deductio* on aura toujours pratiquement à apporter la preuve de sa possession.

On peut même ajouter que sous certains rapports, l'interdit *unde vi* offrait plus d'avantages que l'*uti possidetis*. Ce dernier interdit étant un interdit double, il faudra pour l'engager conclure deux *sponsiones* et deux *restipulationes*. On devra ensuite procéder à la *fructuum licitatio*. Imaginons que le perdant soit celui des plaideurs qui n'a pas acquis lors de l'adjudication la possession intérimaire. Il devra le montant de sa *sponsio* et de sa *restipulatio*. Si c'est au contraire le plus haut licitant qui est battu, non seulement il sera condamné au montant de sa *sponsio* et de sa *restipulatio*, mais en outre, il devra payer le prix de la *stipulatio fructuum* qui est comme le dit Gaius une peine infligée au plaideur téméraire (1). Donc, au cas le plus favorable, le perdant aura déjà deux condamnations à payer. L'interdit *unde vi,* au contraire, étant un interdit simple ne comporte qu'une *sponsio* et qu'une *restipulatio*. Le perdant n'aura donc qu'une seule de ces sommes à payer, c'est-à-dire moitié moins que dans le cas où les frais de l'interdit *uti possidetis* sont réduits au *minimum*. Notons en outre, que l'interdit *unde vi* étant un interdit restitutoire le défendeur peut demander au préteur la délivrance d'une *formula arbitraria*, ce qui diminuera encore les frais! Dès lors, la voie de l'interdit *unde vi* apparaît non seulement comme possible, mais comme désirable.

Il y a plus, on peut relever dans le *Pro Caecina* lui-même un indice qui tendrait à démontrer que l'interdit *unde vi* jouait le rôle que nous lui supposons. Cicéron après avoir essayé de démontrer que l'acte d'Aebutius doit être interprété comme une véritable *dejectio* et que son client a le droit de poursuivre son adversaire par l'interdit *unde vi* (*armata*), ajoute que si les récupérateurs ne jugeaient pas en ce sens, on pourrait à l'avenir

(1) Cf. sur le mécanisme de la procédure de l'interdit double, Girard, *Manuel*, 4e éd., p. 1053 et Gaius, IV, 166 et s.

tirer des conséquences déplorables de leur sentence. Voici en quels termes il s'exprime (1) :

Quicum tu post hac de possessione contendes, eum si ingressum modo in praedium dejeceris, restituas oportebit; sin autem ingredienti cum armata multitudine obvius fueris et ita venientem reppuleris, fugaris, averteris, non restitues.

Remarquons l'expression de *possessione contendes.* Il s'agit donc là d'un procès au possessoire voulu par celui dont parle l'orateur. Ce procès revêt la forme d'un interdit restitutoire (*restituas oportebit*), il comporte une *dejectio* (*si ingressum... dejeceris*), c'est donc forcément l'interdit *unde vi.* Or, dans l'interdit *unde vi* quel est logiquement celui qui prend l'initiative, qui *contendit de possessione?* Évidemment le *dejectus.* Cicéron semble nous dire ici le contraire. Celui qui *contendit de possessione* n'est pas le *dejectus*, ce qui serait normal, mais le *dejiciens.* On peut donc *contendere de possessione*, entamer un procès au possessoire, en commettant une *vis* qui donnera lieu à l'interdit *unde vi?* Il me semble, dès lors tout naturel de reconnaître dans cette phrase de Cicéron la description du mécanisme de la *deductio quae moribus fit.* On pourrait comprendre le passage de la façon suivante : si vous discutez la question de possession avec votre adversaire (*si de possessione contendes*) et si vous avez fait la *deductio moribus* par opposition à la violence réelle et armée (*eum si ingressum modo dejeceris*), vous serez tenu de restituer. N'est-ce pas là un indice assez sérieux pour admettre que l'interdit qui suit la *deductio* est l'interdit *unde vi* (2)?

(1) XXVII, 76.

(2) On pourrait être tenté de reconnaître un autre indice de l'interdit *unde vi* dans le passage suivant du *Pro Tullio* : XII, 29. *Videtis praetores per hos annos interdicere hoc modo [velut inter] me et M. Claudium :* UNDE DOLO MALO TUO, M. TULLI, M. CLAUDIUS AUT FAMILIA AUT PROCURATOR EIUS VI DETRUSUS EST, *cetera ex formula. Si, ubi ita interdictum est et sponsio facta ego me ad judicem sic defendam [ut] vi me dejecisse confitear, dolo malo negem, ecquis me audiat?* Si Cicéron faisait allusion à un procès réel, la chose ne serait pas douteuse, car on comprendrait difficilement que l'orateur reconnaisse ainsi sans ambages le fait assez peu honorable d'avoir troublé *vi* la possession d'autrui. Mais les subjonctifs *defendam, negem, audiat* font plutôt penser que la formule n'est donnée qu'à titre d'exemple et que le procès est imaginaire.

Passons maintenant à une sorte de contre-épreuve. Je disais plus haut que, si l'on admet que l'interdit intenté à la suite de la *deductio* est l'interdit *uti possidetis*, l'attitude d'Aebutius se comprend difficilement. Elle s'explique au contraire d'une manière très simple s'il s'agit de l'interdit *unde vi*. C'est ce qu'a remarqué M. Bögli et je ne fais guère que reprendre son raisonnement (1).

Nous savons qu'au moment où Caecina s'est rendu sur le fonds pour procéder à la *deductio*, il a été arrêté par des hommes armés. Aebutius ne nie pas le fait, ses témoins le reconnaissent. Aebutius poursuivait donc un certain but en agissant de la sorte. Jusqu'à présent personne sauf M. Bögli n'a donné d'explication de cette bizarre attitude. Il me semble que si l'on admet notre théorie, elle se comprend très facilement. Voici ce que je suppose : Aebutius et Caecina, sans doute pour éviter les frais et les complications de l'interdit *uti possidetis* (2) ont résolu de faire régler la question de possession par l'interdit *unde vi* et la *deductio*. Sur les entrefaites, Aebutius se ravise ; nous connaissons son tempérament chicanier ; il a déjà esquivé l'*arbitrium familiae herciscundae*, il va tâcher de retarder l'interdit et peut-être même intimider tellement Caecina que celui-ci n'osera plus agir. Pour arriver à ses fins, il manœuvrera de telle sorte que son adversaire, s'il veut plaider au possessoire doive prendre la voie de l'interdit *uti possidetis*. Voici ce qu'il imagine. Il s'emparera du fonds et le garnira d'hommes en armes. Quand Caecina approchera on l'empêchera d'entrer. Il ne pourra donc prétendre qu'il a été *dejectus* et par conséquent demander l'interdit *de vi armata*. Il a été simplement *prohibitus* et *rejectus* (3). Donc, qu'il intente s'il lui plaît l'action d'injures pour se venger de la violence qui lui est faite, quant au reste, un seul interdit possessoire restera à sa disposition, l'interdit *uti possidetis* (4). Tel sera dès lors le système de défense

(1) *Loc. cit.*, p. 36.

(2) Cf. Frontin 44, 4. (Bruns, *Fontes*, p. 92). *Magna enim alea est litem ad interdictum deducere cujus est executio perplexissima.*

(3) XI, 31. « *Non dejeci, sed obstiti...* ».

(4) Remarquons que nous nous trouvons bien ici dans une hypothèse où l'interdit *uti possidetis* peut être intenté. Les deux adversaires se prétendent possesseurs; Caecina a été troublé dans sa possession puisqu'on l'a empê-

d'Aebutius : « J'ai commis un acte de violence dira-t-il, qu'on me poursuive par l'action qui convient; mais on ne peut me reprocher une *dejectio* ni par conséquent demander contre moi l'interdit *unde vi* » (1).

Caecina, après la scène qui s'est déroulée sur le *fundus Fulcinianus* va trouver son avocat et lui expose l'affaire. Cicéron peut-être donne à son client le conseil de poursuivre par l'action d'injures, il fera ensuite régler la question de possession à l'aide de l'interdit *uti possidetis*. Caecina déclare alors sans doute à l'orateur que ses titres à la possession ne sont pas absolument fondés et qu'il craint de perdre son procès sur l'interdit (2). Alors Cicéron trouve un moyen de tout accommoder. On demandera au préteur l'interdit *de vi armata*. Pour gagner le procès issu de cet interdit, il n'est point nécessaire, prétend-il, de démontrer sa possession car l'interdit est rendu *sine ulla exceptione* (3). Reste à savoir si l'on est bien dans l'hypothèse prévue par l'interdit et si la *prohibitio* d'Aebutius peut être assimilée à une *dejectio*. Cicéron est assez perplexe. Il va demander conseil à son ami Aquilius Gallus (4). Le célèbre jurisconsulte déclare que si en équité Caecina a le droit de réclamer le secours de l'interdit, la lettre de cet interdit (*unde vi tu illum* DEIECISTI) lui est défavorable. Selon Aq. Gallus c'est la lettre qui prévaudra sur l'esprit devant les juges. Cicéron cite alors des exemples de jurisprudence dans lesquels on a vu au contraire l'esprit l'emporter sur la lettre. Aquilius Gallus se rend à ces raisons semble-t-il; il trouve même un biais ingénieux qui permettra à Cicéron de plaider s'il le veut en s'appuyant sur la lettre même de l'interdit (5). Dola-

ché de pénétrer sur le fonds; Aebutius a été troublé dans la sienne puisque Caecina a essayé d'entrer malgré lui.

(1) III, 3.

(2) Comme on l'a souvent observé (Cf. notamment Keller, *Semestria*, p. 342 et s.) il est fort possible que la possession de Caecina soit plus douteuse que ne le prétend Cicéron.

(3) Les mots *cum ille possideret* et l'*exceptio viliosae possessionis* ne figurent pas en effet dans la formule de cet interdit. Comme le fait remarquer M. Bögli (p. 53) l'interdit *de vi armata* avait été créé depuis assez peu de temps, la jurisprudence n'était donc peut-être pas formée sur l'interprétation exacte de la formule. Cf. Girard, *Man.*, 4e éd., p. 278.

(4) XXVII, 77.

(5) XXVIII, 80 « ... *certe, inquit dejectus est Caecina vi hominibus armatis*

bella rend l'interdit; la *sponsio* est faite et le procès s'engage.

J'ai dit plus haut quel était le système de défense d'Aebutius. Caecina lui répond par l'organe de son avocat : la voie de procédure que j'ai choisie est la plus expéditive et la plus modérée; vous ne pouvez me faire un grief de ne pas intenter contre vous l'action d'injures. J'aurais pu intenter, dira-t-on, une *levior actio* (1)? — Ici, ouvrons une parenthèse et recherchons à quelle action Cicéron peut faire allusion : Cette *levior actio* ne peut être l'action d'injures qui ne saurait être ainsi qualifiée par rapport à l'interdit *de vi armata.* Ce ne peut être non plus l'interdit *de vi cottidiana* contre lequel Aebutius pourrait élever la même objection que contre l'interdit *de vi armata* puisque ces deux interdits supposent une *dejectio.* La *levior actio* ne peut donc être que l'interdit *uti possidetis.* — Nous voulons, répond Cicéron, recouvrer notre possession perdue; mais d'autre part, nous avons le droit de tirer profit de la *vis* exercée contre nous(2). La seule procédure où l'une ou l'autre question sera réglée est évidemment celle de l'interdit *de vi armata;* et nous avons le droit d'invoquer cet interdit, car *prohibitio*, *rejectio* et *dejectio* sont trois choses qui se valent (3).

Telle est donc la conclusion à laquelle je suis amené et que je formule au moins à titre d'hypothèse : la *deductio quae moribus fit* servait à introduire l'interdit *unde vi*, à l'aide duquel au temps de Cicéron les plaideurs pouvaient faire régler la question de possession après entente amiable. Pourquoi cette pratique ne continua-t-elle pas? Ici une supposition est

aliquo ex loco; si non ex eo loco, quem in locum venire voluit, at ex eo certe unde fugit ».

(1) Cf. Bögli, p. 36. *Pro Caec.*, III, 4.

(2) XI, 32. ... *hanc puto me habere actionem ut per interdictum meum jus teneam atque injuriam tuam persequar.*

(3) Cicéron pour le démontrer tire argument de la *vis ex conventu* de l'interdit *uti possidetis* pour laquelle, dit-il, la jurisprudence admet que le fait d'avoir aperçu des hommes en armes sur les fonds litigieux suffit pour qu'on dise que celui qui les a postés a commis la *vis adversus edictum praetoris.* Ces derniers mots prouvent clairement que c'est à l'interdit *uti possidetis* que Cicéron fait ici allusion. Cf. *Pro Caec.*, XVI, 45. Au temps d'Ulpien, la thèse de Cicéron était depuis longtemps admise par la jurisprudence. Cf. D. 43, 16, 1, 24.

possible, mais ce n'est qu'une supposition. Peut-être la *deductio* dégénérait-elle trop souvent en de véritables combats comme ceux dont nous avons des exemples dans le *Pro Tullio* et dans le *Pro Caecina* (1); et peut-être les préteurs refusèrent-ils l'interdit *unde vi* aux plaideurs qui le demandaient à la suite d'une *vis ex conventu* afin de faire disparaître la pratique dangereuse de la *deductio*. La *deductio* mise en usage depuis peu, j'imagine, à l'époque de Cicéron aurait donc rapidement disparu; elle n'aurait jamais été qu'un ingénieux détour de procédure et n'aurait pas eu le temps de devenir une véritable institution, d'où le silence de Gaius et des autres auteurs.

(1) Cf. Théophile IV, XV, pr. Ἐπειδὴ δὲ συμβαίνει πολλάκις καὶ φόνους πλημμελεῖσθαι, καὶ τραύματα ἐπάγεσθαι, καὶ πληγὰς επιφέρεσθαι ἐν ταῖς τοιαύταις φιλονεικιάις... *Quiae saepe accidit, ut caedes committantur, et vulnera infligantur, et plagae inferantur in hujusmodi controversiis*... Ce passage qui se rapporte il est vrai à la *vis ex conventu* de l'interdit *uti possidetis* confirmerait assez ma manière de voir. Si les Romains avaient à ce point l'humeur querelleuse quand ils avaient à faire trancher une question de possession il est vraisemblable que l'on dut prendre les précautions pour éviter les désordres.

BAR-LE-DUC. — IMPRIMERIE CONTANT-LAGUERRE.

IMPRIMERIE
CONTANT-LAGUERRE
LVX VITAM
BAR LE DUC

www.ingramcontent.com/pod-product-compliance
Ingram Content Group UK Ltd.
Pitfield, Milton Keynes, MK11 3LW, UK
UKHW020518230726
13925UKWH00005B/2193

9 782019 24243